唯識三十頌白話

無知 著

作者序

唯識二十頌及三十頌皆為世親菩薩所造。唯識二十頌是針對外人執外境為有的邪見加以駁斥，並解說外人對唯識無境的質疑。

唯識三十頌則是將各種有關唯識的義理，作有秩序的敍述。全文只有一百二十句，但含義深廣，能連結各個系統。例如依相、性、位而能引至境行果。實在是唯識學不可多得的教材。

本頌文有三大主題：一、唯識相。二、唯識性。三、唯識位。前二十四頌是明唯識相，說明世間一切法相，皆不離識，萬法之相歸屬唯識。

第二十五頌是明唯識性，說明萬法的特性，相是事，性是理，有相必有性。亦即每件事的背後必有其道理存在，相若離性，便無所本了。

最後五頌是明唯識位，說明修學唯識的證果，內容包括由資糧位至究竟位等五位。修學唯識若不修證，便止於幻想；若沒有次第階位，便流於空談戲論。所以必須有證有果才有意義，即此可知本頌是能實踐力行的佛法。

唯識二十頌及三十頌皆是玄奘菩薩所翻譯。玄奘菩薩是唯識學的權威，宏揚唯識學不遺餘力，衆所週知的《成唯識論》即是他所著作。

玄奘菩薩，生於唐初，俗姓陳名禕，原籍河南，十三歲入洛陽淨土寺出家。後來因為聽聞諸師所講經論，表義各有所不同；經典中亦有隱晦之處，因此決定親往印度求經，以便明白虛實。

於是表請於朝，不蒙許可，乃於貞觀三年，孤身偷渡出國，沿途備受艱苦，遍歷西蕃諸國。至貞觀七年到達印度，入那爛陀寺，拜依戒賢菩薩為師，學習《瑜伽師地論》等唯識學。貞觀十九年回至長安，將所取梵文經文六百五十七部，獻於朝廷，太宗皇帝勒令其於弘福寺翻譯。主持譯事凡二十年，譯有經論七十五部，計一千三百三十五卷。於唐高宗麟德元年寂，世壽六十五。

目錄

唯識三十頌原文

唯識三十頌又稱唯識三十論，原文如下：

1. 由假說我法　有種種相轉　彼依識所變　此能變唯三
2. 謂異熟思量　及了別境識　初阿賴耶識　異熟一切種
3. 不可知執受　處了常與觸　作意受想思　相應唯捨受
4. 是無覆無記　觸等亦如是　恒轉如瀑流　阿羅漢位捨
5. 次第二能變　是識名末那　依彼轉緣彼　思量為性相
6. 四煩惱常俱　謂我痴我見　並我慢我愛　及餘觸等俱
7. 有覆無記攝　隨所生所繫　阿羅漢滅定　出世道無有
8. 次第三能變　差別有六種　了境為性相　善不善俱非
9. 此心所遍行　別境善煩惱　隨煩惱不定　皆三受相應
10. 初遍行觸等　次別境謂欲　勝解念定慧　所緣事不同

11. 善謂信慚愧　無貪等三根　勤安不放逸　行捨及不害

12. 煩惱謂貪瞋　痴慢疑惡見　隨煩惱謂忿　恨覆惱嫉慳

13. 誑諂與害憍　無慚及無愧　掉舉與惛沈　不信並懈怠

14. 放逸及失念　散亂不正知　不定謂悔眠　尋伺二各二

15. 依止根本識　五識隨緣現　或俱或不俱　如濤波依水

16. 意識常現起　除生無想天　及無心二定　睡眠與悶絕

17. 是諸識轉變　分別所分別　由此彼皆無　故一切唯識

18. 由一切種識　如是如是變　以展轉力故　彼彼分別生

19. 由諸業習氣　二取習氣俱　前異熟既盡　復生餘異熟

20. 由彼彼遍計　遍計種種物　此遍計所執　自性無所有

21. 依他起自性　分別緣所生　圓成實於彼　常遠離前性

22. 故此與依他　非異非不異　如無常等性　非不見此彼

23. 即依此三性　立彼三無性　故佛密意說　一切法無性

24. 初即相無性　次無自然性　後由遠離前　所執我法性

25. 此諸法勝義　亦即是真如　常如其性故　即唯識實性

26. 乃至未起識　求住唯識性　於二取隨眠　猶未能伏滅
27. 現前立少物　謂是唯識性　以有所得故　非實住唯識
28. 若時於所緣　智都無所得　爾時住唯識　離二取相故
29. 無得不思議　是出世間智　捨二粗重故　便證得轉依
30. 此即無漏界　不思議善常　安樂解脫身　大牟尼名法

以上是三十頌全文，今依次簡說其大意內容。

第一頌

萬法皆由吾人八識的三種能變而生顯

頌文曰：由假說我法　有種種相轉　彼依識所變　此能變有三

大意是說我、法都是假立的名相，因為是依吾人之識變的關係，才有種種相轉變出現，而此識變有三種。

唯識學者主張唯有內識而無外境，於是外人會質疑：若唯識無境，為何世間人、乃至佛經上都說有我，也有法呢？衆生即是我，所受的境界即是法，根身受報而覺受器界，豈非有我能受一切法？

頌文第一句的「假說」二字，意思是說「我」與「法」，悉皆因緣所生，幻變無常，並無實性。世人不知「此有乃是非有，此相乃是非相」的道理，故妄執為有。佛經中所說的我法，則是隨順衆生，方便說有我、法。名「假說」。

眾生所執的「我」其實是識變的「能取」之「見分」；而「法」者，其實是識變的「所取」之「相分」，即此識變之見分與相分，令眾生以為有我、法之相。然此相為識所變，吾人之識變則有三種。

第二頌

三能變識及阿賴耶識

頌文曰：謂異熟思量　及了別境識　初阿賴耶識　異熟一切種

大意是說八識心王共有三種能變，所謂第八識的異熟能變、第七識的思量能變、及前六識的了別能變。首先是第八阿賴耶識，因為它能異熟一切種。

第八識有許多名稱，例如：藏識、如來藏、真如、阿賴耶識、異熟識……。因為第八識能攝藏一切法的種子，包括七轉識覺知心種子。覺知心會造作善惡等業，並薰習造業之習氣，回歸收藏於第八識中，名為業種。這些受薰的業種，並非一次即能夠現行成為果報，必須經過一次次薰習，加重習氣，待此業力種子因緣俱足成熟，方得現行成為果報。即此每次薰習，業種即生變異，乃至成熟受報，名為「異熟」之功能作用。

第八識攝藏業種並有異熟功能故，名異熟識。「異熟」有三義：

一、變異而熟：謂由因變異為果而熟，名異熟。

二、異類而熟：謂善因有善果、惡因有惡果，類別不同，各自由相同業因，成熟時成為同類業果，名異熟。

三、異時而熟：謂今時所造之業，或今生即受報、或來生、或更久遠才受報，名異熟。

思量是指末那識的特長，它恒審思量，執第八識見分為我；相分為我所，無有間斷的思量審查。雖說恒審思量，但其審查了別能力却極低劣，須要依靠第六識幫助，才能知曉境相。

了別境識就是前六識，前五識唯能了別各自所緣境的粗相，須與意識俱起，才能了別所緣境的細相。

復次，阿賴耶識攝持一切種故，是前七識之母，亦是萬法之母。其所藏業種待因緣成熟時，即可生顯衆生根身與器界，令衆生受果報。在八識的三能變中，皆依阿賴耶識為主因。如是依異熟的變換，而有各識的識變作用，引生他法。所以頌文中，在它頭上加一個「初」字，表明居於首要的意思。

第三頌

第八識的三不可知及五心所和受

頌文曰：不可知執受　處了常與觸　作意受想思　相應唯捨受

大意是說第八識的行相。其攝藏一切種而生顯萬法，其性用過於細膩故，說名不可知行相。恒常經由五遍行心所相應而生作用，但在苦樂憂喜捨五受之中，唯有捨受相應。

第二頌的下半頌，及第三頌與第四頌，都是在說明第八識的體相與性用。如前所說第八識攝藏一切種，有異熟作用，能生顯衆生根身與器界，令有情受報其中。

第八識生顯根身，隨根身恒常處於器界。當衆生覺知心覺受境相之際，它卻離於覺知心而不受，名為捨受。即此似有輪迴卻無受報，有了別作用卻不覺受境相，似有卻無的性相，說其受不可知、其處不可知、其了別不可知。因此頌文說是「不可知執受處了」。

又八識心王現行時，必有各心所與之相應。第八識唯與觸、作意、受、想、思等五遍行心所相應，不與煩惱、善、惡……等其他心所相應，故謂本性清淨。

覺知心了別已，能生苦、樂、憂、喜、捨等受，然第八識唯與捨受相應。捨受者，受但不受也！

第四頌

接續分析阿賴耶識體用及棄捨位

頌文曰：是無覆無記　觸等亦如是　恒轉如瀑流　阿羅漢位捨

大意是說第八識心王屬無覆無記性，與它相應的觸、作意、受、想、思等五遍行心所，也是無覆無記性。其所攝藏的種子，會如瀑流般恒時轉動。要等到阿羅漢的果位時，才能不叫阿賴耶識。

無覆無記者，就因而言，不能斷定為善為惡，名無覆。就果而言，不能預記為苦為樂，名為無記。第八識離於覺知心，自性清淨，既無污染，不起煩惱，在因果上不能說是善是惡，或受苦受樂等事，故說無覆無記。若有屬善惡，則種子薰習義不能成立，因為其性為善，則不與不善種子相應，反之，若其性為惡，則不能攝藏無漏種，令衆生修行。

是故如來藏必須是無覆無記性，方得以無有分別地收藏有漏、無漏等各類不同的種子。

與如來藏相應的心所，一樣必須是無覆無記性，否則就不能稱作「相應」。是故不與善、不善、煩惱……等其他心所相應，唯有五遍行是它相應的心所。

第八識攝藏萬法種子，其中包括衆生根身與器界的種子。有情衆生的覺知心現行，是因為七轉識的種子剎那接續，如瀑流般動轉不已，才能產生了別的功用，也才叫作「識」，不叫「種子」。又衆生之血肉軀體，乃第八識的「四大種」所成。即所謂地、水、火、風等四大。乃至世間所見色法皆由四大種所成。

第八識所藏的有漏種子令衆生執著有我時名阿賴耶。衆生有俱生我執及分別我執等二執，阿羅漢觀空相故，能斷、已斷分別我執。

眾生有煩惱障及所知障等二障，阿羅漢觀空相故，能斷已斷煩惱障。如是阿羅漢斷分別我執及煩惱障已，「我愛執藏」之「阿賴耶」之名稱即不適用，故說「阿羅漢位捨」。唯捨阿賴耶之名而已，第八識依然是第八識，尚有許多其他名稱。但是，此處所說的「捨」，只是初步之捨，若要徹底捨，《八識規矩頌》說：「不動地前才捨藏」。意思就是必須在第八地菩薩金剛斷道時，才能捨去藏識之名，謂無垢識或菴摩羅識。

第五頌

末那識的體性與行相

頌文曰：次第二能變　是識名末那　依彼轉緣彼　思量為性相

大意是說三能變的第八識已說完，接下來要說第二能變的末那識，它依靠第八識所執藏種子而轉現，又將第八識當作是它自己所緣境相，恒審思量是它的體相性用。

已說三能變的初能變，現在說第二能變的末那識，亦即第七識。「末那」者，是梵語，譯成漢文為「意」，為與第六意識作區別故，保持音譯，名「末那」識。

末那識「依」彼轉的「依」字有三義：

一、種子依：又名因緣依，就是依自類種子為因，配合其他條件為緣，而生現行。

二、增上依：又名俱有依，就是互助互依，增進功能的意思。

三、等無間依：又名開導依，就是自類種子相續不斷，前念滅已，後念生。前念開導後念，剎那無間斷故。

末那識即此依如來藏能攝藏末那識自類種子，並配合如來藏性用，令種子剎那相續不斷流注，而得以現行，亦即依如來藏的識變生顯出來的。末那識執第八識的見分為我，相分為我所，即此為末那的恒審思量特性，如來藏性用不斷，末那識的思量就不斷，因如來藏體性恒常故，末那識即能夠恒審思量。

第六頌

與末那識相應的四煩惱及心所

頌文曰：四煩惱常俱　謂我痴我見　並我慢我愛　及餘觸等俱

大意是說末那識恒審思量時，有四種煩惱時常與它俱起，這四種煩惱名為：我痴、我見、我慢、我愛。除此之外，另有觸等五遍行及八大隨煩惱，和五別境等心所與之相應。

我痴者，《成唯識論》說：「無明也！愚於我相，迷無我理，故名我痴。」眾生的無明會隨著煩惱而俱起，名相應無明。另一種是不與煩惱相應，而是末那識恒常我執的無明。

我見者，即是我執的意思。凡夫執能知的五蘊根身為我；執所知的十八界器世間為我所。不知五蘊十八界屬因緣生滅法，似有實無，以不明此事理故，執為我及我所，名我見。

我慢者，即是驕傲輕慢他人。《成唯識論》說：「我慢者，謂倨傲恃所執我盛，令心高舉，名我慢。」

我愛者，即是貪愛欲求的意思。對順意之境界，生起貪愛的心念，《成唯識論》說：「我愛者，謂我貪，於所執我，深生耽著，故名我愛。」

本頌文末句所謂觸等俱者，是在說末那識除了四種煩惱與它俱之外，還有許多心所與之相應。《八識規矩頌》說：「八大遍行別境慧，貪痴我見慢相隨。」意思是除了五遍行及四煩惱之外，另外還有八大隨煩惱、五別境中的慧心所等，都與末那識相應。

所謂八大煩惱者如下：

一、不信：謂心不澄淨，於三寶實德，不能生信，能障正信。

二、懈怠：謂於斷惡修善之事，不殷勤盡力，能障精進。

三、放逸：謂於染著不能防，於淨行不能修，能障不放逸。

四、昏沈：謂於境，心無堪任，能障輕安。
五、掉舉：謂於境，心不寂靜，能障行捨。
六、失念：謂於過去曾習境，不能記憶，能障正念。
七、不正知：謂於所現境，生謬見解，能障正知。
八、散亂：謂於所緣境，令心流蕩，能障正定。

以上是與末那識相應的八大隨煩惱心所，另外還有一個是別境五心所中的「慧」心所。

「慧」的意思是於所觀境，有簡別抉擇的能力。此慧心所通於善、惡、無記等三性，並非出世間的無漏慧。

末那識不論意識如何分析、分析結果如何，都處處作主決定，其「慧」特強。

即此與第七識相應的心所，計有痴、惡見、慢、貪等四個根本煩惱，加上八大隨煩惱、遍行五、別境一，總共有十八個心所與之相應。

第七頌

末那識的攝屬及其伏斷

頌文曰：有覆無記攝　隨所生所繫　阿羅漢滅定　出世道無有

大意是說末那識是屬於有覆無記性，隨著有情趣生何處，便繫屬於何處。要達不受後有的阿羅漢果位，或能達出三界的滅盡定時，它才能夠不見。

有覆者，謂有染、有障覆。無記者，謂不造作善惡之業。末那識執我，故有根本煩惱等四惑八大與它相應，是故能覆障善法，名有覆。末那識雖恒審思量，但審查能力極劣，沒有能力為善或為惡，故屬無記性，即此說它「有覆無記」。

末那識是我執識，眾生於三界六道中輪迴之際，有眾生在的世間，即有末那識的存在。是故頌文說「隨所生所繫」。

頌文後半段是說末那識有無明、我執、煩惱等覆障，必須出三界六道之輪迴才能伏斷不起。

修行者對付無明煩惱的手段，如阿羅漢能觀無常、無我空相，故能漸伏、漸離、漸斷煩惱，終能出離三界不受後有，我執不復現行。

滅定者，即滅盡定，亦名滅受想定。能入此定者，謂能滅受、想二種心所故，亦即無有領納及分別的覺受，身心寂靜，能遣我執，令之不起。

但是，因為種子未滅，所以阿羅漢及滅盡定位中，對於四種煩惱的種子，只能說是伏其現行，未能斷除。說是斷，實是暫斷，而非永斷。因此說斷者，指的是伏現行，而非斷種子。

七地菩薩能斷俱生我執故，勉強說已經出世道。唯至八地菩薩時，再破俱生法執，方真出世道，此刻末那識已轉識成智，識種已滅故，說名為斷。是故頌文說：「出世道無有」。

第八頌

説明第三能變的前六識性質

頌文曰：次第三能變　差別有六種　了境為性相　善不善俱非

大意是說第三能變的識，它們有六種差別相，此六種差別相就是了別的特性，又彼等於了別境相已，能通達善、惡、無記等三性，所以不能說是善或不是善。

八識心王的三能變，已說過二種，現在要說的是第三種能變識，亦即八識中的前六識。

眼識、耳識、鼻識、舌識、身識、意識等前六識能了別色、聲、香、味、觸、法等六塵，即此說明有六種了別境的差別相。

以意識為首的前六識，名五俱意識，彼等合作無間，其識變稱為共變，同時可覺知六塵境相故。

意識審查能力可通三世，又俱自性、隨念、計度等分別能力。是故第三識變現行之際，由了別五塵境相而轉入法塵時，經過念到想，想已入思，即可造作或善、或惡、或無記等業，故不可說其繫屬善或不善，即此頌文才會說：

「了境為性相，善不善俱非。」

第九頌

總說明前六識相應心所

頌文曰：此心所遍行　別境善煩惱　隨煩惱不定　皆三受相應

大意是說前六識相應的心所，有五遍行、五別境、十一善、六根本煩惱、二十隨煩惱、四不定等。即此心所與心王相應時皆與苦、樂、捨三受相應。

本頌文只是標示與前六識相應的心所，至於心所的內容，在後面的頌文中會逐一解說。

心所簡單說就是心理狀態，能影響人的行為舉止。心王現行時必有心所俱起。就像吾人出門穿衣物一樣，因此前六識有五十一件的衣服，隨時可更替。《八識規矩頌》說：「相應心所五十一，善惡臨時配之。」也就是說此心王現行時，不一定與那一個心所一起生起，而是臨時配合的。因此彼緣順境時，與善心所配合，即有樂受相應；反之，緣逆境時，與惡心所配合，即有苦受相應。乃至緣平凡境而有不苦不樂受。

又心王不能同時有多種心所俱起，而必是與一俱，就像出門時只能穿一件西裝外套。

第十頌

遍行及別境心所

頌文曰：初遍行觸等　次別境謂欲　勝解念定慧　所緣事不同

大意是說與第三能變相應的心所，首先是觸、作意、受、想、思等五遍行。再來就是欲、勝解、念、定、慧等五別境，彼等所緣的事物不同故，名別境。

吾人八識心王於現行之際，必先有觸、作意、受、想、思等心所俱，才能產生功能性用。

有情衆生因有「識」方可覺知、方稱有情；有情衆生遍及三界六道一切地方；任何時間皆有衆生活著……。依此道理，應知五遍行心所能遍一切識、遍一切時、遍一切地。

識能了別，必有所了別對象，所以可以如是理解五遍行內容：

一、觸：接觸對象，能緣及所緣俱。
二、作意：所緣引生能緣注意。
三、受：能緣領納接受了所緣境相。
四、想：能緣已知所緣境相。
五、思：完成對所緣了別及審思。

雖然說心王不能有二種以上心所相應，但是與心王相應時的心所可以剎那變換，瞬間更替。因此吾人對境相的覺受亦能隨時隨地改變，是故萬法唯識所變也。

復次，別境者，謂個別的境界，或是分別的境界。欲、勝解、念、定、慧等五心所，有其個別所緣的不同境界故，名為別境。內容如下：

一、欲：謂於所樂境，希求冀望為性。意思是對好的境相，希望擁有、獲得之念求。反之，非所樂境，「欲」心所即不生起。但每個人對境相的好惡不同，能否生起「欲」心所，關乎時間、地點、人物、事物……等所緣境相，故說欲心所屬於各別境相而有，名別境心所。

二、勝解：謂於決定境，印持為性。「決定境」的意思就是已經被自己肯定、認可的境相。反之，就稱為「猶疑境」。對於決定境有殊勝見解，名勝解。同理，對猶疑境當然不能起勝解。

假如決定境是正法，對它起勝解，則勝解屬善。假如決定境是邪法，對它起勝解，則勝解屬惡。是故此心所是緣分別境相，覺受不同境相，名別境。

三、念：於曾習境，令心明記不忘為性。就是對於過去曾經學習或經歷的事物，能有深刻印象，不能忘記。即此心理作用名為「念」。反之，對未曾習境，當然不可能起念。是故「念」非是遍行心所，而是分別境相、個別境相為其所緣，名別境心所。若曾習境是正法，對它明記不忘，則念是正念；若曾習境是邪法，對它明記不忘，則念是邪念。

四、定：於所觀境，令心專注為性。即所謂止觀，亦即將能觀的心，集中專注於所觀境一處，令不分散，名為定。所觀若是善法，則此定是正定；反之，所觀若是惡法，則此定是邪定。

五、慧：於所觀境，簡擇為性。亦即對於現前的境界相有推求選擇的能力。但是，此慧通於三性，並非出世間的無漏慧。因為若是用於正法則善；反之，用於邪法則是惡，與前所四種心所，皆屬別境心所。

第十一頌

十一善心所

頌文曰：善謂信愧慚　無貪等三根　勤安不放逸　行捨及不害

大意是說明善心所是什麼，除了前已說之心所外，第三能變識，亦與此十一善心所相應。內容如下：

一、信：相信諸法實相、實性。相信正法三寶。相信有德有能者，依此充實信心，促進道業。

二、慚：崇尚賢善，檢視自身心，息諸罪過。

三、愧：羞恥己過，恐為他人指責故，不敢為錯。

四、無貪：於環境中，心無所求，生知足心。

五、無瞋：於苦或苦境，心能達觀忍受，不怨天尤人。

六、無痴：隨善知識修學正法，於事理知曉明白。

貪、瞋、痴名三毒，是惡業之源，今無此三毒，即名三善根，謂能生一切善法，如草木之根，能生枝葉。

七、勤：於修善斷惡之行，勤勞精進，無有怠懈。
八、輕安：身心無有昏沈散亂，不起熱惱，輕爽安適。
九、不放逸：身心無有放蕩不拘、生活規律。
十、行捨：待人處事心無所求，無有苦樂之受。
十一、不害：於諸有情，不作侵損逼惱或殺害之事。反生悲憫之心，助其拔苦得樂。

第十二頌

根本煩惱及六種隨煩惱

頌文曰：煩惱謂貪瞋　痴慢疑惡見　隨煩惱謂忿　恨覆惱嫉慳

大意是說根本煩惱包括貪、瞋、痴、慢、疑、惡見等六種心所；及忿、恨、覆、惱、嫉、慳等六種心所。

第三能變識指的是前六識，若單是與意識相應的，就有五十一個心所。但與前五識相應的只有三十四個心所，但此第三能變是包括意識在內的前六識，故說有五十一個心所與之相應。

根本煩惱的「根本」，是說「最主要」的意思。衆生所有一切煩惱皆依此六種「根本」煩惱而引生故。內容如下：

一、貪：對於順境樂受，心不滿足，追求不已。

二、瞋：對於逆境苦受，心生不滿，口出惡言或出手傷損。

三、痴：對於事理迷昧無知，缺乏智慧。

四、慢：恃己所長，驕矜自滿。

五、疑：於正法不信、不修。

以上五種心所名為「五鈍使」，意思是能「使」有情，趣向六道受苦。鈍者，表示其性愚鈍，不易伏斷。「五鈍使」是說以上五種心所，令衆生根器笨鈍，而使衆生輪迴。

即此五心所屬迷於事上之惑，是生活上的心理病態，又名「思惑」，於修道位時可斷。

第六種根本煩惱是惡見。見者，知見、理解力，即所謂的知識、見解。所以不正、偏邪、不對的見解，就是惡見。惡見有五種，又名「五利使」或「見惑」，由於迷於正理，執己之見，惑性銳利故。屬於知識上見解有問題的心理病態，為見道位所斷。五種惡見如下：

一、身見：認定我及我所為實，又名我見。
二、邊見：世間一切法皆俱中道性，非空非有，若執一邊，即是邊見。
三、邪見：邪見諸多，最嚴重者乃是撥無因果之見。
四、見取見：固執己見為正確，他人之見則否。
五、戒禁取見：固執某種戒律為最勝，依此即可得道的見解。例如印度有人持牛戒，効仿牛合眼低頭食草，以為因此可以升天。乃至現在我國有人認為吃素可以得道；打坐可以開悟……。

煩惱的意義，可分根本與枝末二種，根本煩惱是大綱，由此大綱，可引生細節枝末，名為隨煩惱。隨煩惱總計有二十種，本頌只說到六種，其餘者，將在下一頌文中說明。本頌六種隨煩惱心所內容如下：

一、忿：於逆境，心生憤慨、忿怒。
二、恨：繼忿之後，心存怨恨。
三、覆：於所作惡行，隱覆不表。
四、惱：繼恨之後，心裡暴熱狠戾。

第十三頌

説另外十種隨煩惱

頌文曰：誑諂與害憍　無慚及無愧　掉舉與惛沈　不信並懈怠

大意是說明除上頌所說之外的另十種隨煩惱。

本頌所說的另十種隨煩惱，內容如下：

一、誑：欺騙的意思。欲得利益，無德而現有德，以不法手段欺瞞他人。

二、諂：奉承阿諛有權勢、財富者，居心險曲。

三、害：心無悲憫，損害有情　生。

四、憍：恃己盛事，心生驕傲。

五、無慚：自內心無避過。

六、無愧：自心外無羞惡。無慚無愧即無羞恥感也。

七、掉舉：心中不寂靜，妄念紛擾。

八、惛沈：心識散亂，迷暗不清。

九、不信：不相信因果正理，不相信善法。

十、懈怠：於修善斷惡之事，不能精進勤奮。

第十四頌

餘四種隨煩惱及不定心所

頌文曰：放逸及失念　散亂不正知　不定謂悔眠　尋伺二各二

大意是說其餘的四個隨煩惱心所，名放逸、失念、散亂、不正知。以及不定的心所有悔、眠、尋、伺四種，此中可分尋伺、悔眠二類，即此二類又通善惡二性與第三能變識相應的隨煩惱尚餘放逸、失念、散亂、不正知等四個心所，這在第六頌中已經說過，在此不再重覆。

除此，另有四個不定心所與第三能變識相應，謂悔、眠、尋、伺。

不定者，就是不一定的意思。此心所不一定是善或惡或無記。也不一定能遍一切心識或遍一切地，依情況而定故。其內容如下：

一、悔：後悔的意思。厭惡先前所作，後心生悔意。若先前作善，後來厭惡而追悔，則善變成惡。反之，若先前為惡，後經追悔，則成善也！故說其為「不定」心所。

二、眠：睡眠的意思。睡眠亦沒有一定好或一定不好，因為適當的睡眠是好事；若是過多過少即非好事，故屬不定心所。

三、尋：尋求的意思。吾人心識緣塵境時，首先的粗淺了別。

四、伺：伺查的意思。是心識接續「尋」之後，對塵境作仔細的了別。

尋、伺皆可善可惡，白話所常說的：「看你用何種心態來看待人、事、物。」，就是這箇道理。故說「不定」也！

本頌文的第四句說「二各二」，前面的「二」，指的是悔眠與尋伺分成二類；後面的「二」，是說此二類各自能通善、惡二性，是謂不定心所。

第十五頌

前五識依根本而生起，並須隨其他因緣

頌文曰：依止根本識　五識隨緣現　或俱或不俱　如濤波依水

大意是說前五識皆依第八識為根本，並且隨緣現起。或與第六識俱，或不俱，彼等都像波浪依海水般生滅。

第三能變識乃是集合前五識與第六識所成，本頌首先介紹前五識生起的因緣，下一頌再說第六識。

吾人覺知心皆源自如來藏攝藏七轉識種子故，方得以生顯，五蘊十八界等亦復如是。前五識當然是依第八識為其根本。

第二句說「隨緣現」，意思是說除了依止根本識外，必須配合其他因緣條件，才能生起作用。好比眼識的生起，必須如來藏所攝藏眼識種子，如瀑流般接續剎那無間流注，而形成眼識；眼識又必須依眼根，並與意識俱方得以了別色塵；了別塵境時，又必須有光線、距離……乃至五遍行……等諸多條件。其他四識同理。故說五識依根本識，並要隨許多條件因緣方能現行。

「或俱或不俱」指的是前五識與第六意識的關係。因為前五識唯能了別各自所緣境相的粗相，必須意識與之俱，才能了別細相。何況意識不起，前五識亦不能起。又意識可與五識中任何一識、二識……乃至五識俱，或全不俱。

吾人清醒之際，意識生顯故，五識能生顯。

好比此時正在看電視，意識與眼識、耳識俱故，能知曉電視中唱歌的樣子及歌聲的細相，若嘴巴中正在吃東西，因舌識不與意識俱，是故只能感覺食物的粗相，乃至此刻蚊子在叮身體，都不能馬上察覺。又假如此刻意識專注於分析電視中的某一情節，則專注於法塵細相，其他的色、聲、香、味、觸等五塵，雖能為五識所緣，但皆唯粗相爾，與意識不俱故。

頌文最後說前五識與第八識的關係，就像波濤與海水的關係。波濤必須依止海水才能生顯，沒有海水，必無波濤之生起，是故海水是波濤的根本所依者。

第十六頌

意識的活動與斷絕

頌文曰：意識常現起　除生無想天　及無心二定　睡眠與悶絕

大意是說意識在平常時間裡都是現起的，除了生於無想天的天人，或是入無想定及滅盡定，以及睡眠無夢、乃至昏迷死亡，意識就不能生起。

第三能變識，已說過前五識，現在介紹第六識。

第六識是覺知心的主角，吾人有覺知時，意識即存在。有時連睡覺時，也會因為有獨頭意識之現行，才能產生多樣夢境。故說意識常現起。

但意識在以下幾種情形下，就不能現行生起：

一、生於無想天：無想天的天人位居色界的第四禪天，此處眾生壽命長達五百大劫，有色身，但無意識心想，因時刻皆於定境中。身命壽終已，心想復起，意識方再生起，再度輪迴。

二、無想定：修此定者，能滅一切心想。入定已，心識微細難覺故，說名為「無想」。其實尚有微細流注心未能全部斷滅，謂無想定。換句話說就是意識心微細到似有似無，已不能起作用。此定屬世間定。

三、滅盡定：滅盡定與無想定皆是「無心定」。但此定是聖者所修之出世間無心定，有異於世間的無心定。

滅盡定又稱滅受想定，非但滅掉意識，連末那識亦滅故，聖者知「受」、「想」為貪欲分別之來源，於是修此定而將此受、想心所滅盡。意識與末那識的「滅盡」義，非是識種之滅盡，而是所薰無明習氣及不善心所滅盡。第六識與第七識依然存在聖者根身之中，只是已轉「識」成「智」，名為滅盡，說意識不能生起。

四、眠熟無夢時，當睡眠進入極深處，無有獨頭意識的時候。

五、悶絕，意思是昏迷不醒乃至死亡時，意識不能生起。除了死亡，若腦部受重創，或飲酒過度、或注射大量痲藥……等，皆屬悶絕。

以上由第八頌起到本頌止，皆說明第三能變識內容。

第十七頌

我法皆空，唯識所現而已

頌文曰：是諸識轉變　分別所分別　由此彼皆無　故一切唯識

大意是說有情衆生能知的我，及所知的一切法，全部都是經由諸識所轉變而有。是中包括能分別的識，及所分別的境，由於有此識，故有彼境。若無識則無境，所以說一切唯識。

本頌文正說明萬法唯識的正理，前面已說諸識有三能變，萬法皆由識變而生顯。

吾人根身受報於器界中，能覺受一切法，乃因吾人有覺知心。覺知心與被覺知的一切法，乃因如來藏所攝萬法的種子變現出來的。復次，覺知心覺受一切法之際，如來藏變現見分與相分故，能分別所分別之境相，因此若無此如來藏識的性用，就沒有能知與所知的萬法了，所以說一切唯識。

第十八頌

唯識無境，能轉變分別

頌文曰：由一切種識　如是如是變　以展轉力故　彼彼分別生

大意是說由於如來藏攝一切種故，能如此這般的展轉變現，令一切法個個生顯出來。

本頌文乃說明何以識真境假的唯識道理，因為唯識學主張的「唯有內識、並無外境」，時常引起外人質問：「如果識有能分別的作用，那麼其所分別的對象，應該也是真實的外境，為何只承認有內識，而不承認有外境呢？」頌文說因為一切法由於有「一切種識」的原因才能生顯而有，無此識，則無外境。

學習唯識者，有一關鍵性的概念必須弄清楚，就是「萬法唯識」的意義。唯識學上所說的萬法唯識，並非除了「識」之外，否定一切客觀事物的存在。而是說明萬法的暫有之相，乃是依識而生顯。佛以「非空非有」的密意用來顯說唯識真諦，非空非有的空與有是兩個相對的法。「空」是如來藏的性用，「有」是如來藏性用的結果，亦即空是因，有是果。無因即無果，所以非空的「非」，意思應理解為「不是」；非有的「非」，是「沒有」的意思。所以「非空非有」的意義就很明顯了。若「不是」如來藏的「空性」作用，就沒有一切法的「暫有」現象，即此以識為主，以境為客，表明「識」的重要，並說明「外境」的虛幻不實，並非否定外境的不存在。佛甚至以外境的無常空相及緣生緣滅相，來教示眾生不可染著，也因此有眾生觀此「非有」而得解脫。進而有眾生觀「非空」而證如來，可見理解「唯識」真諦有多重要。

頌文中所說的如是如是變，如前所說的三能變外，主要還是在於如來藏能展轉變現萬法，而謂「唯識」。

第十九頌

生死輪迴由於內因

頌文曰：由諸業習氣　二取習氣俱　前異熟既盡　復生餘異熟

大意是說如來藏的性用，能將衆生諸業習氣儲藏，並且這些習氣會繼續發展，加上有能取及所取的習氣配合，令這些習氣不斷變異，乃至成熟而有輪廻果報。每當一次異熟現行以後，下一個異熟繼而生起。

本頌文是針對有情衆生的生死輪廻，皆由於內識之因，無關外緣。亦即說明衆生的輪廻，唯是如來藏性用而已，名唯識也！

云何為習氣？吾人造作身、口、意等業已，其氣氛會回薰到如來藏之內，留下類似本業的功能，這種功能就叫作習氣。

例如覺知心緣順境時，心識經由念、想、思已，貪欲的業力即造成。貪業造成業種薰習力道增強，復而被收藏於如來藏中，待下次遇緣時，再度現行，再度受薰，令業種一次次變異增強，直至成熟形成果報。即此就是衆生異熟果報的由來。

諸業所成的種子，名為業種。業種的範圍、內容很廣又很複雜，大致上可分成兩類：一是有漏業種；另一是無漏業種。

世間法中所造作的善、惡、無記等業，不能令衆生了脫生死故，名有漏業。另一種是出世間的修行，名無漏業。

二取習氣指的就是我執與法執。二取者，能取與所取。衆生執取見分為實我，產生我執；執取相分為實法而產生法執。即此能取與所取產生的我執與法執漸成習氣，重覆受薰，乃至異熟而輪廻受報，佛說此為衆生之「無明」。

眾生皆俱無明，是故生死輪迴中，不斷習氣故，能令我執由前生帶至今世，名俱生我執。又今生經由覺知心的分別、學習而受薰的我執，名分別我執。即此謂我執習氣。

復次，眾生為表達衷情、溝通思想故，對於事物境界相需要名稱來對他人言說，養成一種習慣，叫作名言習氣。凡屬表示境相意義的各種語言、文字、章句、圖案、符號……等等都是表義的名言。

本頌文後半段所說的「異熟」，指的就是前已說的，令種子變異成熟的第八識性用。眾生若不修行，則會生生世世重覆輪迴不已，故說前異熟既盡，復生餘異熟。以上說明一切法不離第八識，而非由外境所自生，即此成立唯識義。

第二十頌
遍計所執性之內容

頌文曰：由彼彼遍計　遍計種種物　此遍計所執　自性無所有

大意是說衆生的覺知心，透過許多能普遍計度的心念，遍計著所緣種種境相、事物。即此能遍計的心，及所執的境相，兩者皆沒有自性的存在。為表我、法二空義，本頌文起，至第二十四頌，皆是在說明三性、三無性的唯識道理。

一切法不離遍計所執性、依他起性、圓成實性等三性。然此三性皆無自性。

本頌文就遍計所執性說明如下：

遍計所執的意思是用主觀的想法去認定自己執著的事物。例如凡夫認定五蘊假合的我為實有，乃至認定因緣生滅無常的外境為實有，如是執我、法為實的現象，即是遍計所執的心識造成的。

能遍計的心識，及心識所執的境相，兩者皆由如來藏攝藏的種子所生顯出來的，有變異無常的特性，了不可得，是故說無有自性。

由「彼彼遍計」的「彼」，指的是末那識。遍計者，我執也！

第二十一頌

依他起性與圓成實性的關係

頌文曰：依他起自性　分別緣所生　圓成實於彼　常遠離前性

大意是說俱依他起性的前六識，分別由各種因緣條件才能生起，俱圓成實性的第八識，則遠離遍計所執性及依他起性。

前已說過萬法是經由識的三能變而生顯出來的，現在說識的三性及三無性。

三能變中的了別能變有依他起性，是前六識。
思量能變就是上文所說的遍計所執的末那識。
異熟能變就是圓成實性的第八識——如來藏識。

「依他起」者，謂必須依靠他緣才能生起。前六識必須依他緣才能完成了別能變。

了別，必須依根、境、識、距離、光線……等條件。

能變，必須依根本識，自種流注、見分、相分等條件。即此必須依諸多他緣才能生起作用的前六識，名為依他起性。頌文說：「依他起自性，分別緣所生。」

遍計所執的第七識與依他起的前六識，名為七轉識──覺知心。

能夠將萬法由始至終生顯的作用、功能、性用，唯如來藏識，名圓成實性。

如來藏能生顯覺知心，令覺知心覺受萬法，却遠離覺知心，而不覺受萬法。是故頌文說圓成實於「彼」，指的就是針對覺知心，常遠離「前性」，指的就是覺知心的遍計所執性，與依他起性。

第二十二頌

圓成實性與依他起性的相關性

頌文曰：故此與依他　非異非不異　如無常等性　非不見此彼

大意是說圓成實性的如來藏與它所生顯出來的依他起性的萬法，兩者不異不一，就像萬法的無常生滅特性，都與圓成實性有關，並非彼此不相關。

前文已說圓成實性遠離依他起性，但因為依他起性必須依圓成實性方能生顯故，所以兩者的關係，即是同但又不同，頌文才會說：「故此與依他，非異非不異。」

識的三能變，謂能變現萬法。萬法俱有三性及三無性。此中，萬法生起的根源，「唯」如來藏「識」——圓成實性。

依他起是緣起法，圓成實是自在法，故根本上不同。

但依他起性，源自圓成實性方得生顯，所以是同。

衆生受報於器世間時，覺受種種苦、空、無常……等一切法，皆因如來藏的性用。亦即依他起的萬法，來自第八識的圓成實性用，兩者有直接密切的關係。頌文才會說：「非不見此彼」，意思是「不是沒有關連」。

第二十三頌

佛密意立三無性

頌文曰：即依此三性　立彼三無性　故佛密意說　一切法無性

大意是說即此遍計所執、依他起、圓成實等三性，而立相無性、生無性、勝義無性等三無性。這是佛密意而說一切法無性。

唯識的真諦乃是契經所說的「非空非有」。

三性是有，三無性是空。先立「三性」，再以「三無性」破之，即此為佛密意。

遍計所執的特性，是執一切相為實有之相。佛解析此相說是空相、虛妄相……。為破眾生我執故，立相無性。

依他起的萬法，亦是衆生執為實有的法。佛解析萬法的生顯，除了諸種因緣配合，更須如來藏的性用，才有萬法的誕生，其實是無自性故，佛說生無性。

如來藏生顯萬法之際，是恒常運作，方得令萬法剎那變異，乃至從無始以來如是性用不斷。因此不能說當下所見即代表圓成實性。圓成實性無生亦無滅，衆生能覺受的只是無量漫長的圓成實性中一個點而已。為此不可知的如來性用，佛說勝義無性。

佛立三性後，恐凡夫衆生不解萬法實相，執我、法為實有自性故，旋立旋破，說此三性皆無自性，以顯諸法性相皆空。可知立三無性，是為了破執。即此為佛所說密意。

第二十四頌
三無性之內容

頌文曰：初即相無性　次無自然性　後由遠離前　所執我法性

大意是說最初是相無性，其次是無自然性，最後是遠離前二性，亦即執我法的二性，其名勝義無性。

依三性而立三無性，可舉下例說明：

衆所週知，麻繩之相，乃是經由麻的種子、土壤、陽光、水份等因緣足而得以發芽，乃至成長為麻。再經由採收、加工、販售……後得以有麻繩之相狀可見。又此麻繩之相，經時間、空間、人事的變遷，立即變異而空。

故知麻繩須依諸緣而成，是依他起性。如前所說，麻繩由各因緣而生，此麻繩之相也會由各因緣而滅，故麻繩之相無有自性，是遍計所執而認為有，其實是相無性。

如上所說麻繩不能自生，必須依他緣而生，故說生無性。即此是頌文所說無自然性。

最後依圓成實性立勝義無性。

圓成實性是第八識能生顯萬法的特性。但第八識不是色法，無有相狀。又不生不滅、不垢不淨、不增不減故，說其為無性。

如來藏離覺知心及一切境相。覺知心執我、執法故有善惡之性，如來藏則無，故說無性。

如來藏之性用無量，包括等流、異熟等不可知空性，即此名勝義無性。

第二十五頌

明唯識性

頌文曰：此諸法勝義　亦即是真如　常如其性故　即唯識實性

大意是說這些萬法中的真實義，其實就是因為真如的關係，因為它就像自己本身恒常的法性一樣，所以才稱作真如。即此恒常體性，是唯識的真實性。

若有一種義理，勝過世間世俗的道理，則名勝義。

此「諸法勝義」指的就是萬法背後真實的原因、道理。

世間一切法變幻無常，世俗的道理說是因緣生滅的原故。殊不知如來藏之性用所生顯，才是真實的義理，如來藏無始以來攝藏萬法種子而能生顯萬法的這種特性，名為勝義性。

亦即是真如的「真如」是第八識——如來藏的別名。前二句頌文的意思在表明萬法的所有道理、現象，皆不離真如佛性。真如者，恒常不變異為真，離於覺知心及塵境而不動為如。即此是唯識的真實性。

第二十六頌

資糧位

頌文曰：乃至未起識　求住唯識性　於二取隨眠　猶未能伏滅

大意是在說唯識修學的五種階位中的第一階位，名為資糧位。於此階位之際，未起順抉擇識的原故，所以只能求住唯識性而已，尚有能取及所取的隨眠種子，還沒有被伏滅。

菩薩開始發十住、十行、十迴向等三十心，作為修善菩薩道的基礎，名為「資糧位」。就像遠行必備資源糧食故名。（詳情見吾著《唯識導論》）

「未起識」是加行位所修的加行智慧，因為尚未能轉識成智，故用「識」以替代「智」。

資糧位乃未入加行位，故說「乃至未起識」。此位只是以「住唯識性」為目標而已。住唯識性者，真正現前體驗真如性也！亦即所謂的「明心見性」，即此是見道位的開悟。所以資糧位只能希望自己趕快開悟，因為尚有許多能取、所取的有漏習氣、種子未伏滅的關係。

《成唯識論》說：「從發深固大菩提心，乃至未起順抉擇識，求住唯識真勝義性，齊此皆是資糧位攝。」

第二十七頌

加行位

頌文曰：現前立少物　謂是唯識性　以有所得故　非實住唯識

大意是說加行位時，修觀的當前，不能完全徹底觀空，還有部份不空的想法，以為這樣就是唯識的真實自性了。但，這樣子尚停在有所得的位階，並不是真實的唯識性。

加行位所修、應修四尋思觀，觀所取空。復修四如實智，觀能取、所取皆空。即此所修必須經歷四個位次，又名四善根。四善根分別是暖、頂、忍、世第一位。

以下簡單說明四尋思觀：

一、名尋思觀：世間萬法為表義故，皆有假立之名。例如：裝水的杯子，立名水杯，若此杯用來裝酒，則立名為酒杯。同一杯子，可立多種不同的名，故說是假立之名。可見「名」與杯子本身無關，況且不同的人亦可對某東西立不同名；不同的語言文字亦可立不同名。衆生不知此理，因名而生爭執，乃至引生心中煩擾。是故於加行位應對「名」加以尋思觀察，知其為空。

二、事尋思觀：事者，世間一切事物、境相，應尋思觀察其為緣生緣滅法，乃唯識所現，是空相爾。

三、自性尋思觀：即是對萬法的自性作尋思觀察，如實知曉三性、三無性。觀空而破執著與貪愛。

四、差別尋思觀：對名與相的種種差別，作尋思觀察，得以如實知萬法於變異生滅中，並無定名與定相。

加行位修以上四尋思觀已，所得智慧謂四如實智。

就階位來說，修四尋思觀的過程中，觀外境所取空，謂暖、頂位。進而以如實智觀能、所二取空，謂忍、世第一位。（詳情見吾所寫《唯識導論》）

加行位的觀行，唯能如實知二取空，並未觸證真如，參禪之際，會落在覺知心上。故說「現前立少物」，會以為覺知心的境界是開悟的境界。謂是唯識性也！

第二十八頌

通達位

頌文曰：若時於所緣　智都無所得　爾時住唯識　離二取相故

大意是說見道菩薩於所緣境，以無分別智，證知無所得真如，即此是住於唯識真勝義性，能離却能取與所取之相。

所謂唯識五階位的修行，其實就是菩薩道的修行次第。首先是資糧位發心，其次進入加行位的四尋思觀，再以如實智證得真如，即此進入見道位。見道已，隨順所證真如入修習位，最終達究竟位成佛。

本頌文所說的通達位，就是開悟明心見性的見道位。

明心見性，所明的心是真心如來藏；所見的性是如來藏的佛性。頌文說菩薩的開悟情形如下：

能夠時時刻刻於所緣的境界，產生無所得的智慧，如是住於真如的清淨自性中，並已經真正離能取與所取的執著了，名為我、法二空。

第二十九頌

修習位

頌文曰：無得不思議　是出世間智　捨二粗重故　便證得轉依

大意是說開悟以後的無分別智，是凡夫不能想像的出世間智慧，因為已經捨離了能取、所取二種粗重習氣，如此便有利於轉識成智，地地增上。

菩薩見道已，所得無分別智，名為我法二空智，能捨斷能取與所取的粗重習氣，不似凡夫尚執萬法為實有故，所以說是不可思議。其智慧已經超乎世間的聰明才智了。

菩薩俱此無分別智已，更須隨順所證真如之性，依佛所說，繼續修行。修學一切種智，漸漸轉識成智，依於所證真如清淨性故，名「轉依」。

即此悟後起修菩薩，雖證我法二空，能斷煩惱障，但尚有所知障未斷故，必須修學一切種智，方得由初地轉入二地、三地……乃至成佛。（詳情見〈菩薩道次第〉）

第三十頌

究竟位

頌文曰：此即無漏界　不思議善常　安樂解脫身　大牟尼名法

大意是說菩薩道最究竟位，已經達到沒有障礙的境界，亦即是一種難以想像的、永恒的處於「善」的境界。已經成就了安樂的解脫、寂靜之法，是謂佛之法身。

究竟位就是成佛的意思，是菩薩道修學的圓滿究竟。

菩薩修學一切種智，目的是將如來藏累世以來所貯藏的有漏種，經由隨順真如的清淨性，將其轉變為清淨的無漏種，名為轉識成智。如是地地轉依，終究達到完全無漏的境界，梵名曰：阿耨多羅三藐三菩提，漢語：無上正等正覺，亦即成佛的意思。

即此成佛的境界，非是三界衆生、解脫道聖人及諸菩薩能思議者。因為如來藏所攝一切種子，皆已轉成善種，「真我」現前，恒常安樂的解脫身，又名法身。

以上是唯識三十頌的簡單說明，用較為白話的口氣描述，是方便讀者易懂的關係，希望有所裨益，主要是加強對唯識概念的理解，期盼有心、有志行菩提道者，能感恩、尊重所有佛所說之法，以利早日開悟！甚記謹記！

二〇一九年七月末　無知　書

NOTE

NOTE

NOTE

NOTE

NOTE

NOTE

國家圖書館出版品預行編目資料

唯識三十頌白話／無知著. --初版.--臺中市：白象文化，2021.2
面； 公分.——（無知行者集；2）
ISBN 978-986-5559-58-8（平裝）
1. 瑜伽部
222.13　　109020408

無知行者集（2）

唯識三十頌白話

作　　者　無知
專案主編　林榮威
封面插畫　無知
出版編印　吳適意、林榮威、林孟侃、陳逸儒、黃麗穎
設計創意　張禮南、何佳諠
經銷推廣　李莉吟、莊博亞、劉育姍、李如玉
經紀企劃　張輝潭、洪怡欣、徐錦淳、黃姿虹
營運管理　林金郎、曾千熏
發 行 人　張輝潭
出版發行　白象文化事業有限公司
412台中市大里區科技路1號8樓之2（台中軟體園區）
出版專線：（04）2496-5995　傳真：（04）2496-9901
401台中市東區和平街228巷44號（經銷部）
購書專線：（04）2220-8589　傳真：（04）2220-8505
印　　刷　基盛印刷工場
初版一刷　2021 年 2 月
定　　價　160 元